신발論

신발論

신발論

도서출판 문화의 힘

신발論

■ 시인의 말

나를 만나기 위해
나를 흔들기 위해
나를 넘어가기 위해
나를 詩作합니다
詩입니다.

첫 시집의 시편은 모두 신발과 맨발에 관한 언어들입니다. 옆 사람에게 기꺼이 신발이 되어주고, 맨발을 허락하는 모든 분들께 머리 숙여 감사의 인사를 올립니다. 저의 인생길 앞에 문학이란 꽃신을 놓아주신 김재홍 교수님, 신익선 문학평론가님, 더 단단한 발걸음으로 정진하겠습니다.

2014년 6월 뜨락에서
박미영

■ 시인의 말

1_ 잃어버린 신발을 찾아서

2_ 신발에게 묻다

3_ 신발의 마을

4_ 발바닥으로 세상을 읽다

■ 차례

신발論

1

잃어버린 신발을 찾아서

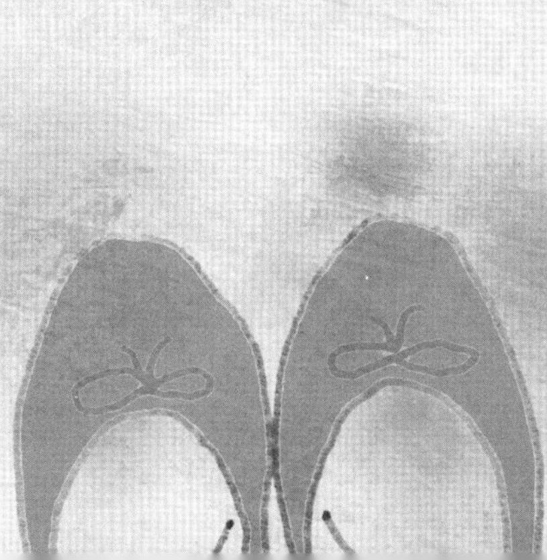

신발論

내일의 신발

오늘

신은 살아있다

세상의 중요한 뜻은 모두 한 음절에 있다. 몸, 피, 뼈, 뇌, 밥, 땅, 돈, 집, 힘… 거기에 사람의 생각이 들어가면 음절이 늘어난다. 가슴, 이마, 마음, 사랑, 믿음, 권력…

신을 딛고 태어난 사람들
차마 신을 밟을 수 없어
신발이라 한다

신의 뜻 어기고
스스로 죽으려 할 때
차마 신과 동행할 수 없어
신발을 벗어놓는다

신이 영원히 살아있는 이유다

이력의 집

잘 굴러가는 것들, 잘 풀리는 것들, 잘 움직이는 것들은 보통 ㄹ받침이 달린단다. 물, 술, 돌, 실, 길, 발…발 이를 일단 머무르게 하려면 ㄴ을 붙인단다. 돈, 손, 문, 산, 관, 운, 신…신 ㅂ을 붙여 힘이 되거나 혹은 힘을 얻을 수 있는 원천이 되기도 한단다. 입, 삽, 밥, 씹, 집, 굽… 굽

신이 내게로 왔다
어디로 가야할 지 모르는
나를 위하여

나를 통하여 신은
영원히 걸어가기 위해
내 발을 기꺼이 담는다

신의 이력을 써나갈
내 발의 집

신발을 벗은 신발

견딘 적 없다
그저 겪어내었을 뿐이다

참은 적 없다
단지 얽매이지 않았을 뿐이다

신발을 벗어야 신발이 보인다

신발코에 관한 명상

세상과 길쌈하기 위해 아침마다
신발코에 고개 숙여 콧등을 맞춘다
발바닥을 얼레삼아 실을 감고
왼발 오른발 순서 지켜 나서는 길

코보다 한 발 늘 먼저 앞서주는 신발코
대지를 날실 삼아 씨실을 건다
꼭 발걸음만큼만 옷감의 너비가 되고
코들이 지나간 길마다 무늬가 되어
삶의 베를 짜는 일

거친 삼을 왼 종일 훑고 쪼개어
지루한 물레 돌려 목숨의 실을 잣는 일
한 코 두 코 빼놓지 않고 나를 엮어
발 걸리지 않고 넘어온 해거름

코는 또 한 번 이마 조아려
신발코에 절을 한다

잃어버린 신발을 찾아서

비탈길 넘고 허리 꺾인 골목길을 돌아
실족의 시간들이 당도하네

먼 거리를 짧은 보폭으로 잇고
덧대며 절뚝절뚝 걸어온 맨발
'분실 시 책임지지 않습니다.'경고문에
비로소 내 신발 한 짝 잃어버린 줄 알았네

어디부터 맨발이었는지 기억나지 않네
걸어온 길을 다시는 이동시킬 수 없다는 걸
알게 된 어느 밤이었을까
미처 따라가지 못한 생의 속도에
현기증을 느끼던 그런 아침이었을까

아직 도착하지 못한 신발 한 짝 찾으러
뒷걸음쳐 돌아 돌아간 유실물센터 앞
생채기 가득 맨발들이 서성이고 있었네
휘청거리는 신발들이 산으로 오르고 있었네

신발의 말

꼭 부둥켜안고 놓아주지 않겠습니다
그대 가는 곳 어디든지
그대가 만나는 어느 누구라도
그 숨결의 무게까지 놓치지 않겠습니다

그대는 나를 발아래 신발로 여기지만
신고 버릴 소모품으로 알지만
실은 내게 받아들여져 여기까지 오게 된 것입니다
발 뿌리까지 오롯이 정복되어져
날마다 단근질 당하는 그대

내게 꼭 맞도록
그래서 결코 벗어나지 못하도록
다 닳아 사라지는 그 날까지
나는 그대와의 동행을 약속합니다

족적

헝클어진 현관 앞에서 기우뚱 주저앉습니다
신발 하나 벗기기도 쉬운 일이 아닙니다
아무렇게나 끌고 오지 않은 하루가
퉁퉁 부은 발꿈치를 붙잡고 놓아주지 않습니다

새삼스러운 일도 아닌데
어디선가 내 발목을 붙들고
내 허리를 붙잡고 끈질기게 매달릴
미처 빠져나오지 못한 시간의 흔적을 생각합니다

깊이 연관될수록
오래 관계할수록
제대로 벗어나기 어려운 족적들

언제나 유턴을 허락했던 길목을 되돌아봅니다
넘어진 상처만 남아있는 빈자리들
가지런히 신발코를 맞춰두고 돌아섭니다
방향은 언제나 다시 앞입니다

공동묘지 비문

누구의 자서전일까
기껏 한 줄 묘비명 남기기 위해
한 생애를 기꺼이 살아내었나

노인정 댓돌 위에 소복하게 누워
함께 졸고 있는 신발들

한 군데도 성한 곳이 없구나
긁히고 쓸리고 해진 비문처럼

누가 누구의 신발이어도 상관없는
바꿔 신어도 아무도 탓하지 않을
쓸쓸한 유언들

신발무덤

학교 지붕 위로 올라간 신발들
학년이 바뀌어도 내려올 줄 모르네

멀쩡한 새 실내화는 질투쟁이 짓이겠고
헌 운동화는 새 신발 사 달래려
까치에게 주었나

눈비 맞으며 혼자 삭아가도
아무도 찾아가지 않는 신발 무덤

요양원에도 그 공동묘지가 있다네
미리 저승으로 올려버린 이름표들
검은 사자만 기다리고 있는

신발 조문

생애 마지막 화살이 되기로 했나
적중시키지 못한 수만 개의 부러진 꿈들
한꺼번에 명중시키고
강물 속으로 사라져 간다

삶과 죽음을 가르는 수면의 날카로운 경계선
맨발의 전력투구를 기억하고 있는
이승의 신발 한 켤레

저승의 문턱이 아무리 낮아도
따라 들어갈 수 없는 지상의 꿈들은
화살 아닌 활시위 그 아닌가

남아있는 생명들의 조문을 받고 있는
낡은 신발
끊어진 시위 줄 유언이 되어
곡哭하고 있다

무도회에 나간 신발

1.

악몽을 꾸었어요 울면서 춤을 추고 있었죠 캄캄한 어둠 속에서 짓무른 발로 스텝을 밟아야하는 꿈, 카렌의 빨강구두*였어요 두 다리를 잘라 낼 기회를 보고 있었죠 난해한 음악에 발이 꼬여 넘어져도 누군가 자꾸자꾸 일으켜 세우는 형벌이었어요

2.

도돌이표만 있는 곡조를 구두코에 걸고 같이 방향을 잃어 갔어요 멈추어지지 않았죠 폭풍우의 팡파레가 울리고 빨강노랑의 단풍축포가 터져도 구두가 벗겨지지 않았어요 거꾸로 매달려 가위에 눌리고 있었죠

3.

누가 이 꿈을 끊어주기를 다른 세상으로 손잡아 내보내주기를 숨이 가빠서 죽을 것 같은데 도끼가 없어요 더 이상 춤을 추고 싶지 않다구요 소리를 질렀지요 스스로 망쳐야만 빠져나올 수 있는 나쁜 꿈, 깨어났어요 아, 이

제 정말 가면무도회에서 나갈 시간이에요 뚜벅뚜벅

*안데르센 동화의 주인공. 춤추는 빨강 구두

신발 계층

같은 신울 안에
안창
중창
겉창

땅에서 바닥바닥 기어야 하는 겉창이
요즘 수상하다

밑바닥의 삶이란
그저 눈뜨고 기도하는 일이라고
구렁텅이에 빠져도
그 구렁 떠받들어야 빠져나올 수 있다던
겉창이 달라졌다

몸피는 가볍게
마찰력은 더 강하게
디자인은 세련되게

이제 갈 곳 없는 중산층이 문제다

이력 세탁법

거친 시간을 도드밟고 온
오염 투성이 신발을 세탁합니다

꽁꽁 묶어 맨 신발 끈을 풀어
오래된 늪의 내면을 들여다보면
결승선에 닿지 못한 헛발자국들
아직 투레질을 멈추지 못합니다

짝퉁으로 복제된 브랜드명이 아닌지
안창까지 들어내 털어보고
위조한 디자인은 아닌지 구석구석
적당히 뜨거운 물을 부어 불려봅니다

유의사항을 지키지 않아 틀이 기울어진
신발 안쪽부터 꼼꼼하게 닦아나가면
무거운 나날의 기록들이 쏙쏙 빠져나와
묵은 욕심들을 후련하게 비워줍니다

새털구름 몇 조각 풀어 넣어
이름 붙이지 못한 전속력의 꿈들
원본의 색깔을 찾도록 말끔히 헹구어 줍니다
다시 출발선입니다

어린 새를 위하여

더 높이 날기 위해
콩새 한 마리
뼛속까지 비우고
흔들리는 나뭇가지 위에 올라선다

엄마 뾰족구두 신고 키재기 하는
솜털 어린 조카

후들후들 날갯짓 더 하라고
세상의 모든 신발은 속이 비어있다

틈새

멀쩡해 보이는 신발에 구멍이 있었나
눈밭 속 헤맨 발이 시리다
얼룩진 양말 벗어보니
발가락에 배긴 얼음의 상처들

견고한 실밥의 박음질일수록
무심하게 틈새가 살고 있음을

나도 모르는 그 틈으로
세상의 더러움을 안아 들이고 있지는 않은지
혹은 누구를 아프게 하고 있지는 않은지

늙은 갖바치의 독백

날마다 모양이 다른 걱정들을 깁고 꿰매었단다
더 긁히고 갈라져도 표도 안 나는 손바닥으로 말이다

더러는 선부른 가위질에 생살이 뜯겨나가도
땅가죽을 이어 하늘을 담고 싶었단다
자르고 붙이고 두드리는 일이 어디 구두만 만드는 일일
까
날마다 최고의 작품을 만들어보리라 다짐하는 일
못나고 흠집 난 마음을 잘라내는 일
남의 마음을 이어 내 마음과 붙이는 일들이 모두
구두를 깁는 일이었단다

내가 남인 듯 남이 나인 듯
망치와 바늘로 내 가슴을 치며 꿰맨 흔적 속에
숨을 불어넣고 피를 돌게 하고 싶었단다
그리고 그 속에 평강의 집을 짓고 싶었지
발도 못 뻗고 자다 일어난 사람들의 신발집이 되어
가고 싶은 곳에 사뿐 안착하게 해주고 싶었단다

그런데 말이다
정작 내 집은 말이다
내 손바닥 안의 굳은 살집
바늘도 안 들어가는 굳은살뿐이더구나

건망증

적색 점멸등이 깜박이는 머릿속 교차로
주차위반의 기억들을 견인해 가고 있다
건망증 통지서만 스티커로 남겨두고서

주차장에 놓고 온 구두 한 켤레
정체와 지체를 반복하는 기억의 목격자가 되어
퇴근할 때까지 조서를 쓰고 있다

– 차 트렁크에서 꺼낸 실내화로 갈아 신고
  혼자서만 떠나버린 주인을
  유기죄 및 방임죄로 발목 잡고자함 –

신발 진혼곡

평생 알몸으로 빛나던 별빛 질 무렵
바닷가 물결에 떠밀려온
슬리퍼 한 짝

어둠이랑 골짜기
피붙이들 울음 흩어지고
못 다한 언어들은 묵음되어
밤하늘로 사라진다

빈껍데기로 한 생애를 떠돌아와
흙에 묻혀서야 비로소 제자리를 찾는 육신

다음 생에는
어느 누구의 발에도 짓밟히지 않기를
아무도 눈길 주지 않는 밑바닥의 삶이 아니기를

길 잃은 영혼 품고 떠나는 낯선 바람
가로등 불빛만 조등으로 반짝이고

신발論

2

신발에게 묻다

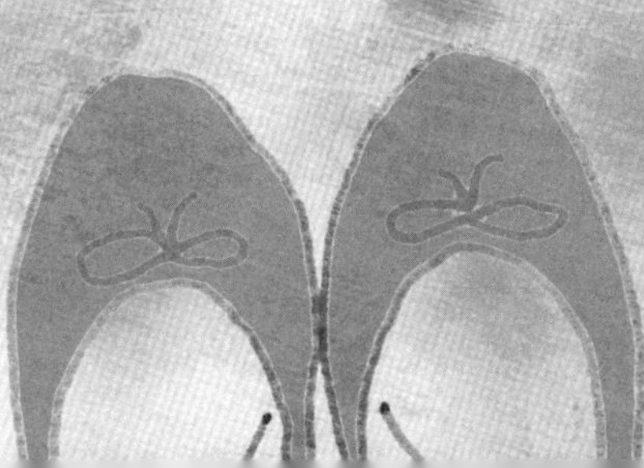

신발論

연리連理 신발

당신 참 고맙습니다
나는 당신의 삶에 첫발을 들여놓으며
그걸 사랑이라 불렀고
당신은 나를 운명이라 받아들였습니다

같은 날에 첫눈 맞춘 우리는
진창길을 철벅철벅
가난한 겨울이 두렵지 않았습니다

거부만큼 무서운 혹한이 어디 있을까요
어물쩍 서로의 인생에서 발을 빼는 일만큼
허기지고 아픈 일 또 있겠습니까

기대어 엉켜 살아온 당신과 나의 연리지 인생
나는 당신의 닳아가는 목숨길을 이고 밟고
당신은 내 인생의 무게를 싣고 견디며
멀고도 무거운 바닷길을 노저어갑니다

신발에게 묻다

못 신는 운동화 안에
꽃씨 하나 묻었다

네가 전부다
내 안에 너만 살아있다

다시 햇살을 품고
바람을 부른다

사랑이다

신발 끈이 또 풀렸습니다

아마도 당신이 나를 그리워하는 모양입니다
발목 부딪히고 뒤꿈치에 짓밟히면서도
용케 나를 따라온 당신의 신발 끈

포승줄로 묶어 내 발의 생애를 끌고 갑니다
기다리기만 하다 떠나보낸 가뭇없는 시간에게로
독하게 돌아서지 못하고 멈춰 서 머뭇거리는
나의 마지막 알 수 없는 시계 속으로

이루지 못할 풋사랑에 결박당한 채
나는 당신이 이끄는 세상 속으로 걸어갑니다
나의 고삐는 늘 당신이 쥐고 있다고
마지막 시간의 운명도 당신일 거라고
이제야 무릎 꿇어 고백합니다

당신을 닦습니다

참 많이 미안합니다
너절한 세상의 강물을 건네준 당신

흘러갈수록 남루해지는 시간의 더께
고스란히 눌러앉아 있는
당신의 흰 머리칼 한참을 바라봅니다

우리의 빛나던 약속들
주름살 사이로 시들고 바래어
희끗희끗 어깨 위에 쌓여가고 있었습니다

담담하게 저무는 당신의 뒷모습
안으로 출렁이며 낡아가는 슬픔 사이를
느릿느릿 오래오래 쓰다듬어 봅니다

신발을 닦습니다
물광 반짝 환해지는 당신의 이마에
당신 닮은 내 모습 잠깐 어른어른합니다

부부

신발은 신어봐야 어울림을 안다
같이 오랜 길 걸어봐야
서로에게 익숙하다

한번 구겨지면
회복이 어려운 뒤축 있어
나를 길들인다
그리고 평생 당신과 함께 닮아간다

당신을 묶는 경우의 수

신발끈 구멍이 6개일 때
끈을 묶는 경우의 수는
1,961,990,553,600가지

그래도 나는
여전히 한 가지 방법밖에 모릅니다

가장 익숙하고 오래된
내 곁에 당신을 묶어두는 방법 역시
단 하나
당신 옆에 내가 있는 것입니다

신발끈의 매듭을 짓습니다
풀릴 수 있는 모든 경우의 수를 묶어
내가 더 많이 사랑하겠습니다

풋사랑

홈쇼핑으로 주문한 빨간 운동화 한 켤레
썩 마음에 들지는 않지만

너와 한 번 몸 섞었다는 이유만으로
너를 한 번 더럽혔다는 까닭만으로
반품하지 못한 짧은 인연들

너를 외면한다
버릴 수 없고 버려지지 않지만
떫은 맛 사라져도 기억에서는 익지 않는
땡감 한 조각처럼

굽

하이힐 신고
비탈길 내려올 때 알았습니다
오르막길에서 평지가 되도록
나를 떠받쳐준 당신

당신은 내가 보는 세상의 키높이 굽이었고
뒤에서 중심을 잡아주는
삶의 단단한 축이었습니다

이제 사랑의 내리막길에서
벼랑이 되어버린 당신을 만납니다
경사면이 높을수록 거꾸로 내리미는 뒷굽에
산등성이도 자꾸 멀미를 합니다

그래도 난 굽에서 내려올 수 없습니다
엄지발가락에 더 힘을 주며 나를 길들입니다
사랑을 이루는 힘은 언제나 삶의 뒤편에 있고
산봉우리 숲을 받드는 저녁이 곧
몰려오고 있기 때문입니다

한 마리 양이 되어

초원을 달리던 양 중에 가장 선한 양 한 마리
겨울부츠 되어 내게 왔다

몽골 평원을 촘촘히 박음질한 실밥에서
검게 염색된 사막의 별빛 쏟아지고

초식의 생애를 무두질하며 걸어온 발등
유목의 시간은 두렵지 않다
앞서가는 자, 따라오는 자 있으면
우리는 서로 따뜻한 동행이리

당신이 미처 건너가지 못한 혹한의 고비
나를 위해 멈춘 당신의 심장을 두드리면서
나 기꺼이 설원의 훈훈한 일행이 되리

길

길 끝에 웅크려 앉아있는 산
내가 밟은 길 한끝을
마주 선 산이 잡고 끌어당긴다
가지 않으려 뒤로 버틸수록
자꾸 발이 무거워진다

길 끝에 올라앉아 있는 바다
나를 세운 길 한끝에
바다가 내려밟아 균형을 맞추고 있다
해변 쪽으로 가면 갈수록
자꾸 발이 가벼워진다

내 운명의 길 끝을 잡고 있는 당신
밀다가 당기다가
멀고도 가까운 우리
서로 놓을 수 없는 외길에 서 있다

아킬레스건

내 왼쪽 팔꿈치에는 바람개비가 달려있다
가장 약한 곳으로 부는 바람을
가장 먼저 알고 호들갑 떠는 통증

심장이 뛰는 속도보다 빠르게
몸의 왼쪽을 접수하고는 풍차를 돌려댄다

출산 후 아기를 처음 안은 순간부터였다
조그만 울음소리에도 불뚝불뚝 회오리바람 일고
힘줄이란 힘줄 모두 일어서서
폭풍이 되는 좌골신경통

아이가 어미보다 더 커졌음에도
어지러운 바람 그칠 줄 모르고
왼쪽 신발 하나 강물에 띄워 보내려는 아침
팔꿈치로 혼불 하나 빠져나간다

아카시아 안부

나무가시 뾰족이 돋아 있는
허공의 에움길

먼 길 오신 외할머니
발가락에 앉아 있던 물집 터져
아카시아 꽃숭어리로 방울방울 피어나고

뒤축 닳은 하얀 고무신 신고
또 먼 길 떠나가신 외할머니

미처 건네지 못한 안부가
탈래탈래 하얗게 물수제비 뜨고 있다

화분갈이

영산홍 화분갈이를 하는 늦가을
숨이 턱에 차 달려오던 작은 아들 발가락이
화분을 빼곡하게 채우고 있습니다
어차피 내년 되면 못 신는다고
시장표 신발도 한 켤레만 사라는 녀석
알뜰한 뿌리가 토실토실합니다
애들이 좋아하는 유명메이커의 신발을 사준 날
녀석은 다 상표값이라고
우리가 상표 하나 개발해보자고
꽃보다 환한 미소를 지었습니다
상표도 없는 큰 화분으로 발을 옮긴 영산홍
새로 산 신발에 발맞추려면
몇 번의 물집 잡혔다가 터졌다가
새살 돋을 붉은 꽃
작은 녀석이 햇살 속으로 뛰어갑니다

끝없는 사랑

애드러운 손길 못 잊어
무덤 속 머리카락
오늘도 썩지 않고 기다린다

조난된 바다 속에서
아직 꺼내오지 못한 신발 하나

파도소리와 달빛 까부르며
나이만 건져먹고 있다

제사 지내는 날

싸리 빗자루로 마당 쓸고
빨랫줄 거미줄 모두 풀어
먼 곳에서 오시는 증조할아버지
길을 닦았네

안뜰에는 수육 삶고
뒤뜰에는 떡시루 앉혀
향로에 담을 숯
벌겋게 타오르고

밤톨 깎는 할아버지 옆에서
두 개 깎으면 하나는 홀랑홀랑 집어먹는
손자 녀석이 더 밤톨 같고

맑은 술 뜨는 할머니 치마꼬리 붙들고
한 모금만 달라는 손녀딸
눈동자가 더 맑은 저녁

쟁반 바삐 문지방 넘으며
어동육서 조율이시 좌포우혜 나르고
대청마루 밑에 수북한 신발들이
먼저 제를 올리고 있네

신발論

3

신발의 마을

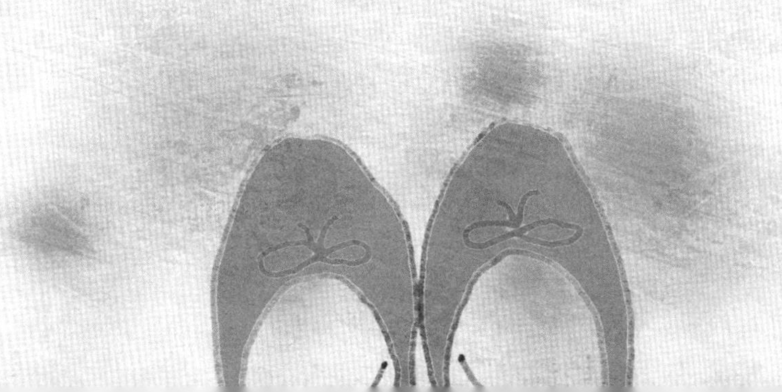

신발論

헌 신발

엎드려 파밭 매시는 어머니
땀에 들러붙은 등허리가
하현달로 굽어 있습니다

기우는 일만 남은 달빛에서
이따금 몽돌해변의 파도소리 들려옵니다

뼈와 뼈 사이를 돌아 나오는 바닷물
채 익지 못한 어머니의 젊은 날들이
차르르차르르 다 빠져나가버리고

맨질맨질 닳아빠진 관절만
소금눈물 쥐어짜고 있습니다

흙 묻을까봐 벗어놓은 헌 신발
저문 밭둑에 등대불로 깜박입니다

어머니 꽃신

삐비꽃 하얀 언덕에
초승달이 오릅니다
어머니 무릎에 일렁이는 물안개가
달무리로 떠 있습니다

별의 꼭지를 잡고
이름 없는 생명에
길을 내어주신 어머니
허드렛일에 시든 몸에도
꽃은 피지요

사시사철 목단꽃 시들지 않는
장롱 안의 꽃신 한 켤레
관절염으로 구부러진 무릎에도
일 년 내내 화닥화닥
꽃물이 돋습니다

가여운 저 여인 떠날 때
꽃신 함께 묻고
나 어떻게 이 언덕 다시 오를까요

아버지의 고무장화

강물이 흐른다
별무리 쏟아진다
논두렁을 걸어오신 아버지
갈라진 발바닥에서
무논 개구리가 운다

땀 차서 벗겨지지 않는
장화를 잡아당기면
수수밭 허수아비
휘청 옆으로 넘어지고
젖은 양말은 저녁마다
허물을 벗는다

모로 누워 잠든
아버지의 흙장화
평생 가슴앓이에 말라버린
뒷마당이 휑하게 넓다

태사혜

그 남자의 신발은 뜨거운 집

가슴이 냉돌일 때
후미진 골목 안에 초롱불 켜지고

아무 때고 들어갔다가
아무도 몰래 빠져나올 수 있는
혼자만의 구들방

뽀얀 김 폴폴 올리는 작은 화로 속
잉걸불 빠알갛게 타오르는
그 남자의 발

간밤에도 밤새 걸어 다니다 왔는지
노글노글하게 엎어지는 신발짝 하나

*예전에, 사대부나 양반의 남자들이 평상시에 신던 신발

오동나무 나막신

한때는 아무도 들여다보지 않는
까무잡잡 조그만 씨앗이었을 테지
외로움의 본거지에 싹을 내리고
더 큰 외로움을 모아 줄기도 뻗었을 테지
꽃을 피운다는 것은
한 외로움이 한 슬픔에게 손 내미는 대화
모래언덕에 풍화되어 가는 슬픔도 섞어
사연 담은 오동꽃도 피웠을 테지
묵묵히 세월을 이겨나간 흔적
까만 열매로 문패 하나 남기기도 했을 테지
하나 둘 나이테가 늘어갈 때마다
딸각딸각 생의 시계추 내려앉고
지금은 아무도 들여다보지 않는
딸각발이 오동나무 나막신

고무신

비만 오면 푹푹 빠지는 십리 황톳길은
미리 알아버린 진창 삶이었습니다
발 한 번 잘못 디디면
그대로 똘창으로 구르던 등하교길

풀 이슬에 젖어도 미끄러지고
눈에 젖어도 철떡거리던 고무신을 신고
쫄딱쫄딱 어긋나는 세상을 미리 배웠습니다

땀에 절어 해지면 꿰매고 또 꿰매어
누더기가 되어도 꿰차고 걸어야만 했던
질긴 운명의 길

넘어질 때마다 벗어버리고 싶던 게
고무신이 아니라 나 자신이라는 걸 안 뒤
세상을 비껴서는 법도 배웠습니다
맑게 씻어 햇빛에 기울여놓은 하얀 고무신처럼

유리 구두

닿지 않는 것들
닿을 수 없는 것들
그저 바라볼 수만 있으면 됩니다
꼭 가지려고만 품은 것은 아닙니다

당신은 처음으로 눈 맞아
혼자 마음을 섞어가면서
용케 가슴이 먼저 알고 뛰는 첫정입니다

내가 먼저 깨지고 부서져도 좋은
내 운명과 바꾸어도 좋은
놓으려 해도 놓아지지 않는
쇼윈도 안의 외사랑

습신

가을산이 제 몸을 후드득 털어낸다
이승의 마지막 고개 넘어가려고
용쓰며 몸부림치는 산등성이

가으내 앓던 각질들이
낙엽 되어 우수수 흩어져 내리고
뒤척이며 찾아가는 싸늘한 숨소리

뼈만 남은 앙상한 산골짝에
억새꽃 하얀 습신 신겨드린 이
그 누구일까

미혼모의 십자가
– 신생아 신발

산부인과 병원 문 앞에 누가
신생아 신발을 진열해 주오

미처 자신의 영토에 금을 긋지 못한
저 여인에게
꼼지락꼼지락 아가발이 흘리는 눈물
젖가슴에 올려놓고
눈 기울이게 하여 주오

아비의 강을 거슬러
어미의 강으로 헤엄쳐 온
저 여리고 순한 생명을 내팽개치지 말고
지상의 십자가로부터 벗어나게 해 주오

끈질김에 대하여
– 샌들

밭의 잡초들을 뽑아냅니다
흙 한 톨만 있어도 살아나는 쇠비름
아스팔트 위에 뒤집어 놓습니다

차가 밟고 지나가면 가는 대로
열흘 밤낮을 발길에 채이며
먼지 나게 말라도 죽지 않은 실핏줄

빗물 한 방울에 목축이고 일어서서
부서진 살과 뼈를 잇습니다
도로 자락을 깨우며 점령하고 있습니다

샌들 신발은 쇠비름을 닮았습니다
육중한 몸뚱이가 눌러도 끊어지지 않고 버티며
실핏줄 끈 몇 가닥 남아서
땡볕일수록 더 질기게 유행해가는

견성암 고무신

입김도 얼어붙어 침묵하는 날
댓돌 위에 가부좌를 틀고 눈감은
고무신 한 켤레

처음으로 동안거에
사미니를 올려 보내놓고
혹한의 죽비를 대신 맞는다

세속의 기억이 비워지지 않는 통증으로
사리를 만들려는가

꽁꽁 굳어버린 무욕의 알몸 위에
싸락눈은 시침핀처럼 내리꽂히고

헌신짝

새 신발 신어보니
헌신짝 그리운 줄 알겠네

헌신짝 벗고 보니
새 신발 고마운 줄 알겠네

슬리퍼야 부탁해

태어나는 순간부터 이름에 걸어놓은 주문대로
끌려 다닐 수 있단다 삶은

– 너는 착한 아이야
– 가만히 있으라면 가만히 있는 기특한 아이야 너는
말귀를 알아들을 때부터 발목의 족쇄를
부적처럼 끌고 다녔지

아니라고
벗어날 것이라고
땅바닥을 패대기치듯 걸어보지만
하찮은 슬리퍼를 신고는 멀리 갈 수가 없단다

이름의 명령을 던져버리는 일
미끄러지지 말아 절대로

신발의 마을

닳는 줄 모르고 뛰어온 시간이다
지상에 발붙이기 위해
점멸 스위치를 깜박이며 내달려온 길
신발 밑창이 나 대신 헐떡거린다

잠시 길바닥에 주저앉아
접착제로 견뎌온 삶의 흔적을 털어본다
발 헛디딘 자리마다 박혀 있던
통증의 각질들 우수수 떨어져 내리고

균형을 잡기 위해 멀쩡한 한쪽
생살 밑창마저 떼어낸다

아파도 아프다 소리 못하고
밑창 없이 기우뚱거리는 삶
어깨 없는 사람들이 신발의 마을로 돌아온다

긴 목과 짧은 목

1.
눈이 몹시 쌓이던 겨울
신인문학상 받으러 오라는데
마땅한 외투 하나 없던 겨울이 있었네
상금으로 울코트는 준비했는데
외벌 구두로 꿰어온 발목은 민낯이었네
긴 종아리에 머물던 짧은 눈빛들에
더 하얗게 백짓장이 되어가던 그 겨울

2.
두 개의 부츠를 선물 받았네
긴 목과 짧은 목
엄마의 맨다리가 생각이 났네
평생 긴 목으로 자식들 등만 바라보던
엄마의 야윈 눈빛이 떠올랐네
짧은 목 부츠를 엄마에게 주고 나니
나에게도 긴 목만 남았네

3.
다시 혹독한 겨울이네
짧은 사랑은 가고 긴 기다림만 남아서
눈 덮인 겨울의 모가지를 지키고 있네
겨울잠 자는 구두들이 옹기종기 엎드려
까마득한 새봄을 가늠하고 있네

구두 수선집 남자

해질녘이면 모르는 도시로의 탈출을 꿈꾼다
골목길 구석구석 집시가 되어 떠돌다가
어느 선술집에서 머리칼을 풀어헤치고
혼자 찬 소주를 마셔도 좋으리라
독한 사람들이 떠드는 소리 아랑곳없이
밤거리를 헤매다가
지쳐 머문 곳이
구두 수선집이면 더욱 좋으리라
사랑밖에 안 남은 한 남자가 지키는 그 곳에
헝클어진 구두를 맡기고
잠시 쉬어가도 좋으리라
생채기투성이 스타킹이어도 아무렇지 않게 벗고
올이 나간 자리마다
그 남자의 선웃음을 문질러도 좋으리라
까딱까딱 발장구치며
뒷굽을 갈아 끼우는 남자의 순한 눈망울에 들어가
조금만 아주 조금만
눈치채지 못할 만큼 울어 봐도 좋으리라

사라지는 익숙함에 대하여
가장 비좁고도 아늑한 슬픔에 대하여

별들의 뼈

아기 무사히 낳고 나와
이 신발 또 신을 수 있을까
해산방 들어가기 전
댓돌 위에 단정히 벗어놓던 어머니의 흰 고무신

천장이 보이지 않아야 아기가 나온다고
뼈가 부서지게 아파 쳐다보면
천장 벽지의 푸른 장미 더 우거지고 있었단다

신음소리에 밖에서 하얗게 질려가던 고무신
거무스름하게 지쳐갈 때쯤
아기 울음소리에 별똥별 쏟아지고
고무신 가득 은하수 흘렀단다

하늘이 주저앉고 땅이 솟는 아픔으로
한 생명 받아내는 어머니의 어머니
그 어머니의 별들
하얀 별들의 뼈란다 고무신은

신발장 속 따개비

갯바위에 붙어사는 따개비가
신발장 속에 보금자리를 틀었다
오래된 신발 표면에 딱지딱지 붙어
파도의 말들을 부지런히 옮기고 있는 곰팡이들
뿌옇게 들러붙어 있는 갯냄새는
닦고 또 닦아도 쉽게 사라지지 않는다
지난여름의 비밀을 알고 있다고
컴컴한 다락방 속에 묻어둔 소문을 떠벌리고 싶어
안달 난 저 주둥아리
귀 기울이다보면 말의 웅덩이에 발을 헛디디기도 하고
말의 덫에 발 걸려 옴짝달싹 못하기도 한다
그녀의 수다를 듣다 말고 구두약을 꺼내든다
털어내도 사라지지 않는 검부러기 뜬소문을
더 검게 덧칠하여 봉인해버린다
사라진 것처럼 보이는 바닷속 동굴의 이야기들
이따금 따개비에 갇힌 말들을 풀어놓고 싶을 때
신발장을 열고 바다로 나가는 이유다

신발의 기원

계절 안으로 들어가기 위해
바람을 신고 걸어가는
찬란한 꽃들을 보라

대지의 땀방울이 모여 흐르는
강물을 벗고 달려갈
머리 위의 별들도 보아라

세상 밖으로 나가기 위해
신발이 필요한 게 아니다

물렁하고 여물지 못한 나를
단단한 고갱이로 들이기 위해
신발이 나를 허락하는 것이다

신발장을 정리하며

쓰레기통을 향해 한 걸음씩 달려왔구나
작아진 신발 한 켤레

태어날 때부터 쭉 변함없는 크기
죽을 때 한꺼번에 줄어드는가보다

늙고 병든 몸뚱아리에 딱 맞는
관 속에 누워
왼쪽 신발이 오른쪽 신발을 바라본다

오른발 왼발 서로 묻지 않아도
엉키지 않았던 우리 사이
한걸음이 또 한걸음을 이어주며
우리는 한 편이면서 늘 끝과 끝에 서 있었다

왼발을 따라온 오른발
아니, 오른발에 붙어온 왼발
죽음을 향해 한걸음씩 함께 가는 우리의 발

신발論

4

발바닥으로 세상을 읽다

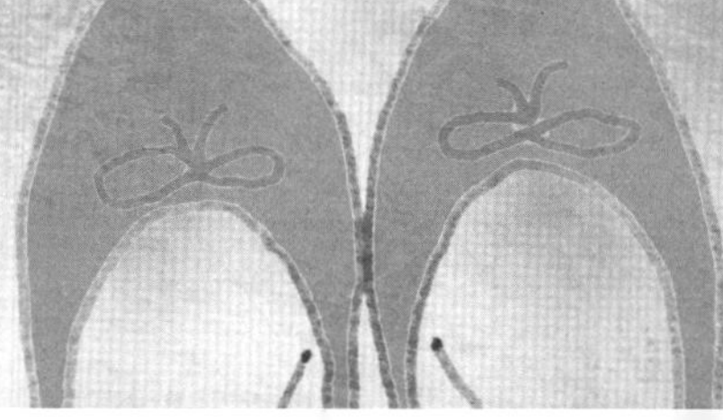

신발論

어머니 발자국

바람결에 베여 끊어진 단풍잎들
뜨개질 바구니에 붉은 실로 쌓입니다
낡은 외투를 풀어 조끼를 뜨고
조끼가 해지면 또 풀어 장갑을 뜨며
빠뜨리지 않고 바늘코에 걸어
이어온 삶의 질긴 매듭
어느새 오그라진 젖무덤이
실뭉치 보푸라기보다 가볍습니다
누가 붉은 실타래를 당기는지
멈추었다 구르고 구르다 주저하며
뒤뜰로 사라지는 단풍의 혼들
한때는 푸르렀던 어머니의 바늘 발자국
한 땀 한 땀 피멍으로 찍혀있습니다

발의 경전

1. 탄생

태어날 때 발이 맨 늦게
나오는 이유는

꼭 가야 할 길
가서는 절대 안 되는 길
먼저 헤쳐 나가야 할 길
머리로 먼저 생각하고 가야 하기 때문이다

2. 삶

두 발을 땅에 딛고
살아야 하는 이유는

높게 생각하되 바닥을 헤아리고
멀리 바라보되 아래를 굽어보고
곧게 나아가되 밑을 챙기라는 이유이다

3. 미래

부르튼 발 앞에 경건하고
낡은 신발 앞에 겸손하며
끝없는 길 앞에 인내하라

발로 성호를 그으며
발자국이 별이 되는 삶을 살아라
나의 아들아

입동 배추
—전족에 대하여

짚 끈으로 꽁꽁 싸매놓은
속 덜 찬 배추 포기들
밭두둑을 서성이고 있다

돋을새김의 네 발가락
꺾일 듯 구부려 동여매고
전족한 여인네 엄지발가락으로 박혀 있는
배추꼬랭이 죄 없는 무희들

발의 봉인을 풀어헤치는 날
밥상 위 살풀이 춤이라도 추겠다고
옹이 발등으로 춤사위를 익힌다

배추흰나비 나붓나붓
서릿발에 소지 올리는
아직은 먼 입동날 새벽

발이 사는 법

땅바닥 뛰어다니며
바삐 성냥을 그어대는 발꿈치
그 불꽃으로 피톨 데워져
심장의 꽃잎 화르르 피어오른다

길바닥 내딛으며
부지런히 플러그를 꽂아대는 발가락
그 전류가 도체를 이어
인연이란 질화로에 연기가 오른다

네가 불붙여 주지 않으면
나는 살아도 사는 게 아니다

발의 기도문

더 이상 헛걸음하지 않게 하소서
새벽마다 첫길 떠나는 생의 순례자들이
비록 가시밭길을 걷더라도
마음이 함께 따라가 위로가 되게 하소서

그들이 걸을 때 걷는 일만 생각하게 하시고
쉴 때는 다 벗어던지고 쉬는 일만 몰입하게 하소서
먼 데 있는 등불을 보며 뛰지 말고
앉아서도 별을 보고 쉴 수 있는
혜안이 함께 하게 하소서

지뢰밭 세상을 피하려다
스스로에게 발 걸려 넘어지지 않게 하소서
높은 깨달음을 구하려 헤매기보다
스스로에게 한 발짝 더 다가가는
깨달음이게 하소서

오늘 하루도 무사히 종주를 마친 발에게
더도 말고 덜도 말고
딱 맨발만큼의 자유를 허락하소서
두 발 가지런히 포개어 함께 기도하게 하소서

직립보행에 대한 오해

1. 손
퇴화된 두 발은 허공을 밟고 있습니다
균형을 잃어버린 발은 자주 공중의 웅덩이에 빠집니다
깊이를 알 수 없는 함정에서 빠져나오려고
손사래를 치며 살려달라는 신호를 보내지만
굳은살이 사라진 발장단은 그저 설레발일 뿐입니다

2. 발
진화된 두 발은 대지를 들고 있습니다
두꺼운 각질로 보호하고 신발로 무장하여
지구라는 수레바퀴를 돌리고 있습니다
지하 비밀을 파헤치기 위해 땅의 껍질을 깨보려
자주 앙감질로 뛰어다니곤 합니다

3. 오해
힘없는 발은 힘 있는 발에게 날마다 발을 내밉니다
씻어주기도 하고 발톱을 잘라주기도 하며
주무르고 화장품도 발라줍니다

아무 반응하지 않는 발은 오래된 믿음을 가지고 있습니다
혼자서 묵묵히 지켜온 성심으로 불멸의 족적 남기려는

볍씨를 말리며

잘 익은 태양은 무게가 깊다
멍석에 누운 볍씨들의 나른한 낮잠 위에
맨발로 올라선다

지난여름 태풍과 홍수의 일기가 발바닥에 읽힌다
한 줄 한 줄 발목으로
따뜻한 생애의 이력들을 뒤집어 말린다

생의 일교차가 클수록, 삶의 가뭄이 길수록
난해해진 문장은 몇 바퀴씩 맴돌게 된다
웃자라 엉킨 존재의 검부러기들이 이랑을 만들고
그때마다 새롭게 분할되어 드러나는 우기의 기록들

낟알의 깊이가 얼마나 무겁고 뜨거운지
눈으로 튀어 오르는 텃검불을 비비고서야 안다
한 톨의 볍씨에도 계곡물 흐르고
안쪽으로는 아물지 않은 침묵이 버티고 있지 않은가

햇살에 잘 마른 볍씨들의 울림을 새긴다
이미 늙어버린 소녀의 발바닥이 따끔따끔 빛난다

발바닥으로 세상을 읽다

시간이 아니라 신발이었습니다
나를 성장시켜 온 것은

맨발이 자라는 꼭 그만큼씩
더 커지는 신발에 실려 다니며
울퉁불퉁한 세상을 발바닥으로 읽어 왔습니다

먼저 당도한 바람과 꽃과 하늘은
제 몸집에 알맞은 빛과 색으로
밑줄을 치며 요약해 나가고 있습니다

게으름부리며 질질 끌려 다니는 나를
신발은 그때마다 호되게 꾸짖습니다
그러나 나는 아직도
제 몸 하나 다스릴 줄을 모릅니다

아침마다 걸음마부터 다시 시작시키는
나의 어머니, 내 발바닥

검지 발가락

옴팡지게 못생긴 발가락들 사이에도
우열이 있다

일 년 내내 무좀이 살아있는
전쟁터 양말 속에서
계급을 만난다

오목눈이 발톱을 달고
최전방에 선 검지발가락 이등병

가장 먼저 앞서 나가
가장 먼저 깨지고 돌아오는
총알받이의 운명

시퍼런 멍 가실 날 없는
좌충우돌의 인생
나는 나의 방패다

까치눈

어둠으로 제 몸 밝히는 발바닥의 골짜기에
작은 둥지 숨어 있다

아무도 모르게 홀로 깨어
송신의 주파수를 찾는 까치눈 다섯 개
발가락 틈새 보금자리 삼아
스스로의 벽을 더듬어 송신탑을 세운다

아무도 듣지 못하는
저 그늘 밑 수렁의 이야기들
비스듬한 기슭 아래 땀방울 범벅의 사체들이
무선 안테나로 몰려들어 신호를 만든다

미처 변환되지 못해 이지러진 발 냄새 사이로
꽃불 하르르 일렁이고
잠 못 드는 불침번은 밤새 교신 중

나무의 발

하늘을 걷고 싶은 감나무
수많은 맨발들을 내어놓았지
애기배꼽 감꽃을 지나
단단한 땡감의 시간을 건너
성큼성큼 혼자서 제자리걸음한 발자국들
노을 저무는 홍시에 다다르면
소슬바람에 모두 지워지고
한꺼번에 쏟아지는 발, 발, 발
세 계절을 물구나무서고 나서야
동안거에 든 붉은 발바닥

어떤 배웅

비 그친 뒤
빨래 대신 매달린 빗방울들
빨랫줄은 잊어야 할 시간들을 들어올려
집게에 사뿐 걸어놓는다

세상 문턱의 높이만큼 휘어지는 마당
전속력으로 달려오는 허방의 공포는 발이 닿지 않아
대롱대롱 발장구 치고

어디선가 쓰름매미
제 날개를 비비며 운다
여름을 떠나보내는 가뿐한 비움의 눈물

우르르 한꺼번에 쏟아지는 눈부신 착지
이제 발아래로 절대 나를 버리지 않겠다는
굳은 약속만 남아 있다

주저흔

눈 덮인 산마을에 고라니 발자국
대문 앞까지 왔다가 되돌아간
흔적 찍혀 있다

안녕을 구한 거리만큼 숱하게 헤매며
발자국 지도를 그려왔을 순한 짐승
방위표도 경계선도 없는 생의 좌표 안에서
나도 자주 길을 잃고 주저흔을 긋는다

아직 밟아보지 못한 산 능선은
이정표가 없이도 자꾸 손짓하는데
빗금 치며 쏟아지는 눈송이는
머뭇머뭇 무엇을 망설일까

첫걸음마

싹뚝, 눈밭에서 한 쪽 팔뚝을 잘라버린
수도승의 수행 길

아가는 첫 걸음을 뗀다
낭자한 엄마의 붉은 미소

한 걸음만 제대로 걸어도
수만 걸음이 따라오지 않겠는가

굴참나무 발자국

날마다 바람이 되어 집을 나서요
빗장 열린 잎사귀 사이를 지나서
여러 갈래 길모퉁이 나뭇가지를 돌아서

삶의 성장판 끌어 올리는 화살표
물새 발자국 찾아가요

아, 평생 내 몸에 찍어온 발자국
단단한 굴피에 새기는
살아온 날들보다 긴 하루

봄 발자국

봄 숲속 보그르보르르 술 익는 소리
어두운 얼음 창고에서 어깨 디밀고 나오는
노루귀 뽀얀 꽃잎 사이
잘 발효된 누룩 냄새 간지럽구나

첫날밤 합환주 따르는 하얀 손목인가
아랫목으로 넘어가는 계곡물이 수리술술
술을 부른다

첫 눈 뜬 참두릅 한 젓가락 먹여주던
풋사랑 손길 그리워
마시지도 않고 취해버린 홍건한 까치놀
뒤돌아보면 지나온 사랑의 길이 온통
살내음 아니면 술내음 뿐이었다

발을 든다

몇 번씩 잘리고
몇 개쯤 부러져도
넘지 못할 벽 없는
저 무겁고 긴 애벌레의 발

발을 든다
아기는

세상에 엎드리지 않고
더 멀리
두 발로 뛰어넘겠다고
다시 일어서기 위해 넘어지는
저 서늘하고 따뜻한 아가의 발

사라진 하루

아침에 눈뜨면 제일 먼저
머리를 적셔 감는 일
어제의 냄새를 지우고
오늘의 향기로 바꾸는 일

나날의 일상이란
머리칼 휘날리며 남의 발자국을 따라가
나의 발자국으로 덮어가는 일

더 멀리 더 빠르게 질주해보는 일
밤이 되면 발을 닦으며
오늘의 냄새를 배웅하는 일

완벽하게 사라진 하루

서평

혼魂, 그 불꽃의 발자국

신익선(시인, 문학평론가)

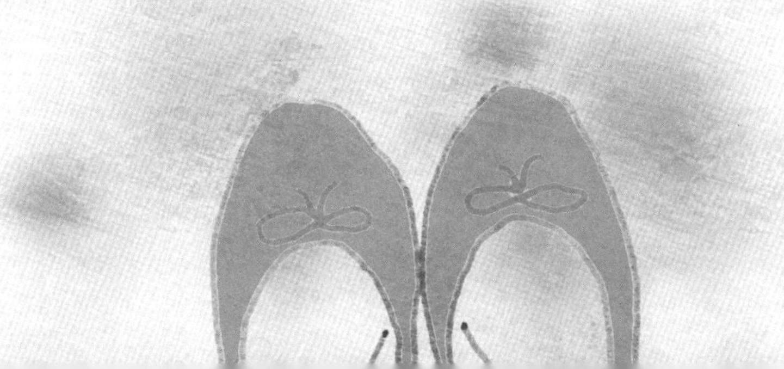

신발論

혼魂, 그 불꽃의 발자국

신익선(시인, 문학평론가)

1. 신발의 탈출

그러나 탈출하지 않는다면 어떻게 살아간단 말인가.

탈출하지 않고, 희미하게나마 탈출구 하나 없이, '탈출을 꿈꾸지' 않고, 어찌 인생을 배겨낸단 말인가. 탈출이라는 혈관 하나 없이 피투성이 과거를 달려올 수 있었겠는가. 더욱이 고뇌의 오늘을 견뎌내며, 어딘지 가늠 못 할 전율의 내일을 걸어갈 수 있겠는가.

무미건조한 나날들, 오로지 생존을 향하여 달리는 지루한 일상들, 퇴화되는 줄 모르게 노쇠하여 힘 빠지는 삶의 무력함, 믿음의 흔들림과 사랑의 상실감, 그리고 경제적 가치에의 환원 여부에 따져 삶의 가치를 저울질하는 이 변화무쌍한 무절제시대의 시작(始作/詩作)인 '오늘(「내일의 신발」 전문)'이야말로 '오늘'을 신고 '내일'을 향하여 걸어가야만 하는 숙명적인 인간의 '신발' 아닌가.

사람의 체위에서 가장 아래 부위인 발을 감싸며 살아가다가 마침내 닳아 버려지는 '신발'에 주목하는 박미영의 첫 시집『신발論』은 그렇게 '오늘'이라는 '내일의 신발'을 신는다. 이것이 신발이라는 족쇄와 신발이라는 자유, 신발이라는 인격체와 신발이라는 새로운 이름의 신神, 신발의 삶과 혼魂이면서, 사람의 삶과 혼으로 전이 되는 신발의 이야기를 펼쳐내는 '신발'의 일대기이다. 사람들이 별로 소중하게 여기지 않는 신발에만 천착하여 기술된 시집, 아직까지 그 어느 시인도 짚어본 적 없는 오로지 '신발'만의 다양한 표정들이 이 시집의 제재이자 주된 울림이다. 무수한 신발의 군상들이 등장하여 대척점에 서서 서로 마주보면서 신발의 삶을 풀어낸다. 그들은 하나같이 기이하고도 섬뜩하며 유정한 묵음들을 쏟아내는데, 그 첫 시작은 '탈출'로 비롯된다.

> 해질녘이면 모르는 도시로의 탈출을 꿈꾼다
> 골목길 구석구석 집시가 되어 떠돌다가
> 어느 선술집에서 머리칼을 풀어헤치고
> 혼자 찬 소주를 마셔도 좋으리라
> 독한 사람들이 떠드는 소리 아랑곳없이
> 밤거리를 헤매다가
> 지쳐 머문 곳이
> 구두 수선집이면 더욱 좋으리라
> 사랑밖에 안 남은 한 남자가 지키는 그 곳에
> 헝클어진 구두를 맡기고
> 잠시 쉬어가도 좋으리라
> 생채기투성이 스타킹이어도 아무렇지 않게 벗고

올이 나간 자리마다
그 남자의 선웃음을 문질러도 좋으리라
까딱까딱 발장구치며
뒷굽을 갈아 끼우는 남자의 순한 눈망울에 들어가
조금만 아주 조금만
눈치 채지 못할 만큼 울어 봐도 좋으리라
사라지는 익숙함에 대하여
가장 비좁고도 아늑한 슬픔에 대하여

－「구두수선집 남자」 전문

'해질녘'이면 발이 고단하다. '신발'은 더 지친다. 해질녘에 이미 '헝클어진 구두'라는 신발을 맡기는 일로부터 시작되는 '탈출'은 '골목길 구석구석 집시가 되어 떠도는' 시점인 '해질녘'에 일어난다. '어느 선술집에서 머리칼을 풀어 헤치고', '혼자 찬 소주'를 마셨'으니 아마도 시적화자는 거나하게 취하였으리라. 겨우 낡은 구두나 수선하는 구두수선 집에 들렀으니 그 집은 가난하였으리라. 그 가난 속으로 들어가는 일은 세속을 떠나는 일이었으리라. 세속을 떠났어도 세속에 몸을 담갔다는 흔적인, '찢어진 스타킹'의 삶. 신천지에 가까운 새집 속으로 뚜벅뚜벅 걸어 들어간 시적화자의 하루라는 생활이 여유롭고 즐겁기만 했다면야 어찌 스타킹이 찢어졌으랴.

'생채기투성이 스타킹이어도 아무렇지 않게 벗고/올이 나간 자리마다/그 남자의 선웃음을 문질러도' 좋을 그 생채기투성이 스타킹'에 '남자의 선웃음을 문지르는' 일은 고단한 하루를 마치는 해질녘의 어둠이었기에 가능하다. 어두웠기에 외간남자인 구두수선공이 '눈치 채지 못할' 만큼의 '울음'이 존재하는 이유는 순전히 끝의 2행을 위해서이다. 필멸의 메시지가 담긴 구절, 보라!

'사라지는 익숙함에 대하여/ 가장 비좁고도 아늑한 슬픔에 대하여'라는 절구는 절망의 터널을 지나온 자만이 토해내는 전류다. 시적화자의 이 절규는 바로 박미영 시인의 내면에 흐르는 인간에 대한, 삶에 대한, 사물에 대한 근원적 탐구와 욕망이 감각의 결을 따라 폐부를 도려내며 터트리는 뜨거운 현장의 실토이기도 하다.

특히 '사라지는 익숙함'과 '비좁고도 아늑한 슬픔'은 원래의, 원초적 인간, 그 자체 아닌가. 무릇 사람이 지상에서 겪는 모든 일들은 '사라짐'을 위해서이다. 분투와 투혼을 불사르며 나아가는 위대한 발자취들이란 허망하게도 결국 이 '사라짐'을 위해 존재한다. 그래서 박미영 시인은 '탈출'에서 시작한 '사라짐'의 비의를 이번 시집의 마지막 시편인 「사라진 하루」에서 '완벽하게 사라진 하루'라는 종언으로 이 시집의 대미를 장식한다. 더하여 타인은 상상치 못할 아픔과 상처 역시 오로지 '가장 비좁고도 아늑한 슬픔'에 기대지 않으면 체득할 수 없음을 증언한다.

뼈아프지만 이것이 진실의 실체 아닌가. 인간은, 그리고 그 인간이 신는 '신발'은 종국에 '사라짐'으로, 그리고 '슬픔'을 간직하므로 결렬하게 싸워왔고, 불타오르며 뜨거웠던 '그 남자의 신발은 뜨거운 집//가슴이 냉돌일 때 /후미진 골목 안에 초롱불 켜지고//아무 때고 들어갔다가/아무도 몰래 빠져나올 수 있는/혼자만의 구들방(「태사혜」 일부)에서처럼 자신의 생애이자 신발의 생애를 마감한다. 그리고는 결국엔 '바람을 신고 피는 꽃'과 '별'을 보면서 나에게로 걸어가기 위해 있는 '신발'을 만난다.

계절 안으로 들어가기 위해
바람을 신고 걸어가는
찬란한 꽃들을 보라

대지의 땀방울이 모여 흐르는
강물을 벗고 달려갈
머리 위의 저 별들도 보아라

세상 밖으로 나가기 위해
신발이 필요한 게 아니다

물렁하고 여물지 못한 껍데기를 깨고
단단한 고갱이로 들이기 위해
신발이 나를 허락하는 것이다

–「신발의 기원」 전문

'탈출을 꿈꾸는' 신발의 저 유연한 파노라마의 잠행은 결국 밖(외부)이 아니라 안(내부)이다. '세상 밖으로 나가기 위해/ 신발이 필요한 게 아닌' 까닭은 '탈출'이란 밖으로 뛰쳐나가 특이한 경험과 상상에 몸을 맡기는 것이 아닌, '물렁하고 여물지 못한 껍데기를 깨고/단단한 고갱이로 들이기 위해/신발이 나를 허락하는 것'이다. '고갱이'는 풀이나 나무의 한가운데 박힌 심을 말한다. 이는 다시 사물의 핵심을 비유하는 말이다. 그밖에 배추의 속 대궁에서 올라오는 달착지근한 맛을 지닌 대궁을 뜻하기도 하는데 어느 경우건 이는 곧 여물지 못한 나를 상징한다.

이렇게 '탈출'이란 것, 혹은 잠행이란 것은 나를 안고 다니는 신발이 써가는 신발의 역사이다. 동시에 나의 이력이며 새로운 신발인격체를 조우하는 일이다. 즉 박미영의 시세계에서 초유의 젖줄은 탈출하는 신발을 꿈꾸지만 이것은 '신발이 나를 허락하는' 일에 다름 아니다. 기실 탈출 염원은 어쩌면 모든 인간의 필연이거나 숙명 아니랴. 실상 삶이란 물상은 유일하게 탈출로써만 변화한다. 사랑 역시 오직 탈출로써만 완성되어진다.

2. 신발의 제의祭儀

시 쓰는 일은 시인의 몫이다. 시인이 한 편의 시를 쓴다는 것은 그러나 간단한 일이 아니다. 시인이 써 놓은 시편에는 시인의 혼이 들어 있다. 새 봄의 새싹, 그 이상으로 싹터 오르는 내면의 폭발적 음성이 들어 있다. 이 음성이 미래, 또는 미지와 영원의 대지에 펼쳐 놓는 일상과 사물, 그리고 시인자신의 혼이다. 중한 내상에 치명적 위기에 이른 삶의 고통과 상처를 보듬으면서 드러내 보이는 몸통이자 영혼, 즉 박미영 시인의 이번 시편들은 시인 자신이 드러내 보이는 시인 자신의 영혼인 것이다.

박미영의 시집「신발論」에서 읽히는 시편들은 다 그런 상례들로써 혼을 내보이는, 혹은 영혼을 담고 있는 시편들이다. 가장 경건하고 정성을 들여야 하는 우주의 근본인 일종의 제례의식으로 표출되는 시편들이 많이 눈에 띈다. 가령, '먼 곳에서 오시는 증조할아버지/ 길을 닦았네/ … (생략)… /대청마루 밑에 수북한 신발들이/먼저 제를 올리고 있었네(「제사 지내는 날」 일부)나, 시적 형상화에 공을 들인 작품으로 읽히는 '나무가시 뾰족이 돋아 있는/허공의 에움길//먼 길 오신 외할머니/발가락에 앉아 있던 물집 터져/ 아카시아 꽃숭어리 방울방울 피어나고/ … (생략) …/(「아카시아 안부」 일부)에서처럼 경건하고 엄숙한 제의祭儀가 깔려 있다. 제의라니, '신발'의 제의는 '신발'에 내재된 어제라는 '과거'다. 어제, 어제로 대별되어지는 과거는 과연 무엇인가, 과거의 만남과 과거의 기억과 과거의 눈물과 과거의 함성과 과거의 울음들은 과연 무엇인가, 과거의 나와 과거의 사랑은 과연 무엇인가, 더하여 과거의 탄생과 과거의 죽음은 또 무엇인가.

① 쓰레기통을 향해 한 걸음씩 달려왔구나
작아진 신발 한 켤레

태어날 때부터 쭉 변함없는 크기
죽을 때 한꺼번에 줄어드는가보다

늙고 병든 몸뚱아리에 딱 맞는
관 속에 누워
왼쪽 신발이 오른쪽 신발을 바라본다

오른발 왼발 서로 묻지 않아도
엉키지 않았던 우리 사이
한 걸음이 또 한 걸음을 이어주며
우리는 한 편이면서 늘 끝과 끝에 서 있었다

왼발을 따라온 오른발
아니, 오른발에 붙어온 왼발
죽음을 향해 한 걸음씩 함께 가는 우리의 발

–「신발장을 정리하며」 전문

② 누구의 자서전일까
기껏 한 줄 묘비명 남기기 위해
한 생애를 기꺼이 살아내었나

노인정 댓돌 위에 소복하게 누워

함께 졸고 있는 신발들

한 군데도 성한 곳이 없구나
긁히고 쓸리고 해진 비문처럼

누가 누구의 신발이어도 상관없는
바꿔 신어도 아무도 탓하지 않을
쓸쓸한 유언들

—「공동묘지 비문」 전문

①의 시편에 기술 된 바 눈부신 아침 햇살에 이마를 드러내놓고 땀 흘리며 분주히 달려온, 드높은 이상과 희망의 길이라 믿었던 삶이 '쓰레기통을 향해 한 걸음씩 달려' 온 길에 지나지 않는다는 사실은 일견 수긍키 어렵다. '늙고 병든 몸뚱아리에 딱 맞는/ 관 속에 누워/ 왼쪽 신발이 오른쪽 신발을 바라보는' 일에서의 '신발'은 이 시집의 또 다른 시편인 '습신'을 탄생시킨 원류인 듯하다. 시신에게 신겨드리는 삼베나 짚으로 만든 신을 이름하는 '습신'. '가을 산이 제 몸을 후드득 털어낸다/… (중략) …//뼈만 남은 앙상한 산골짝에/ 억새꽃 하얀 습신 신겨드린 이/ 그 누구일까(「습신」 일부)사람처럼 자연도 가을이면 '습신'을 신는다는 시편에서 천지만물의 자연법칙이 생성해 내는 오묘한 조화내지는 소설 이상의 플롯Plot이, 이 한 편의 시에 고스란히 담겨 있다. '관 속에 누워' 더 이상 직립보행을 하지 못하는 지경에

서야 서로를 바라본들 어쩌겠다는 것인가. 우리의 삶은 '한 편이면서 늘 끝에 서 있는' 거리를 두고 살아오지 않는가. 빈번한 일이기도 한 신발장을 정리하는 일에서, 사물들의 묘지인 "쓰레기통"을 짚어내고, 더욱이 그것이 자연계의 '습신'에서처럼 '죽음을 향해 한 걸음씩 함께 가는' 인간사의 일이라니, 신발장을 정리하는 일이란 삶의 무상함을 체감하는 비탄 어린 제의祭儀가 아니고 무엇인가.

②에 이르러 이 제의는 '자서전'과 '묘비명' 그리고 '유언'으로 대체된다. 이른바 '신발'의 종합적 상황 제시다. 생애란, 한 줄의 묘비명으로 갈무리 된다는 1연의 전개에 연이어, '노인정 댓돌 위의' 주인공으로 '졸고 있는 신발들'쯤의 연륜에 서면 4연 예시대로 '누가 누구의 신발이어도 상관없는/ 바꿔 신어도 아무도 탓하지 않을/ 쓸쓸한 유언들'이 된다. 소싯적에 그리도 허둥거리며 지키려던 내 것이란 욕망의 집착은 헐거워진 고무줄처럼 경계가 사라진다. 소유의 종말이다. '유언'을 탓하는 사람이 있을까. 그처럼 '신발'이 써오는 '공동묘지의 묘비명'은 사사성이 크고 심원한 시편이다.

이 밖에도 '신발'이 '신발'의 조문을 받고 있는 현장을 그린 '남아 있는 생명들의 조문을 받고 있는/ 낡은 신발/끊어진 시위줄 유언이 되어/곡哭하고 있다(「신발 조문」 일부)'라든가, '슬리퍼 한 짝의 신발을 위로하는 시편이자 이 땅의 기층민들의 슬픔을 위로하는 시편인, '빈껍데기로 한 생애를 떠돌아와/ 흙에 묻혀서야 비로소 제자리를 찾는 육신//다음 생애는/ 어느 누구의 발에도 짓밟히지 않기를/ 아무도 눈길 주지 않는 바닥의 삶이 아니기를(「신발 진혼곡」 일부)에서 보는 바처럼 신발의 제의는 단순히 경건하고 정성을 다하는 제례의식을 초월하여 처절한 자기성찰이면서 이웃과 사회에의 적막한 슬픔을 보듬는 기도로 환치된다.

이른바 인격과 인권의 자유와 평등의지를 소망하는 이런 울림들이야말로 시의 인격, 신발의 인격화를 규범짓는 극적인 복합성을 띄는 것이라 하겠다.

3. 신발의 춤

시란 무엇인가, 시인이란 어떤 사람인가, 시의 사회에 대한 평가를 기술하면서 젊은 시인었던 P.B.셸리는 '시는 언제나 쾌감을 수반한다'고 그의 평론 '시의 옹호'에서 말했다. 시의 작용은 의식을 넘어 의식이 미치지 않는 이 세상의 것이 아닌 불가해한 방법으로 행하여지기 때문이라는 설명을 곁들이면서 말이다. 그런 관점에서 짚어보면 노래와 춤은 자연스러운 시의 결과물이다.

1.
악몽을 꾸었어요 울면서 춤을 추고 있었죠 캄캄한 어둠 속에서 짓무른 발로 스텝을 밟아야하는 꿈, 카렌의 빨강구두였어요 두 다리를 잘라 낼 기회를 보고 있었

죠 난해한 음악에 발이 꼬여 넘어져도 누군가 자꾸자
꾸 일으켜 세우는 형벌이었어요.

2.

도돌이표만 있는 곡조를 구두코에 걸고 같이 방향을
잃어 갔어요 멈추어지지 않았죠 폭풍우의 팡파레가 울
리고 빨강노랑의 단풍축포가 터져도 구두가 벗겨지지
않았어요 거꾸로 매달려 가위에 눌리고 있었죠

3.

누가 이 꿈을 끊어주기를 다른 세상으로 손잡아 내보
내주기를 숨이 가빠서 죽을 것 같은데 도끼가 없어요
더 이상 춤을 추고 싶지 않다구요 소리를 질렀지요 스
스로 망쳐야만 빠져나올 수 있는 나쁜 꿈, 깨어났어요
아, 이제 정말 가면무도회에서 나갈 시간이에요 뚜벅
뚜벅

–「무도회에 나간 신발」 전문

사람이 주인공이 아니라 신발이 주인공이 되는 써스펜스 가득한 시편인 위 시는 흡사 영화 '분홍신'의 내용과 유사하다. 최고의 예술을 추구하는 냉혈한 보리스 레몬토프 단장은 안데르센 원작의 '분홍신'을 단원들에게 설명해 주고는 발레공연에 돌입한다. 마을 구둣가게의 쇼윈도 속 분홍신에 매료된 소녀, 빅토리아 페이지가 마침내 분홍신을 신자 소녀는 아름다운 춤을 추게 되었지만, 그 대가로 연인, 가족들과 헤어져 안타깝게도 결국 죽음에 이르게 된다.

춤을 추는 욕망은 이루어졌지만, 지치지 않는 것은 발레리나 소녀가 아닌 분홍신이었다. 최고가 되려는 욕망을 거두지 않고 소녀를 계속 춤추게 했던 안데르센 동화에 터 잡은 위 시편은 '신발의 춤'을 통하여 인간의 예술적 성취와 현실적 행복이 반드시 동일하지 않다는 정황을 언어학에 있어서의 탈선deviation, 즉 규칙과 인습에 대한 위반으로 불리는 이른바 전경화foregrounding에 의하여 잘 드러낸다. '더 이상 춤을 추고 싶지 않다구요'라면서 광적으로'소리'를 질러도 '스스로 망쳐야만', 즉 죽어야만 빠져나올 수 있는 삶의 현장을 달려가고 있는 '신발', '가면무도회'에 나가 춤을 추고 있는 '현실'에서 사람이 가진 무수한 물건 중에서 신발만큼 강렬하게 그 사람을 대신하는 캐릭터가 없음을 극명하게 제시하고 있는 것이다.

눈에 띄지 않는 작은 모양새의 작은 신발이 사람을 고스란히 들어 나르는 신발 속에 모든 사람들의 이력 역시 춤을 추고 있는 또 다른 시편인 '… (전략) …/입, 삽, 밥, 씹, 집, 굽… 굽//신이 네게로 왔다/어디로 가야할지 모르는 나를 위하여//나를 통하여 신은 /영원히 걸어가기 위해/ 내 발을 기꺼이 담는다//신의 이력을 써나갈/ 내 발의 집'(「이력의 집」 일부)에서 보는 바처럼 '신발'은 '신神'의 다른 이름이자 지상에서 끊임없이 추구해나가는 명예와 욕구가 합일된 신발의 춤이라는 욕망의 투시인 것이다.

4. 신발의 명상

정관靜觀에 닿아 있는 명상瞑想 역시 고요에 이르는 신발의 운신이다. 세상을 등지고 암자에 묻힌 수덕사 여승의 고무신을 그린 시편, '입김도 얼어붙어 침묵하는 날/댓돌 위에 가부좌를 틀고 눈감은/ 고무신 한 켤레/… (이하 생략) …/(「견성암 고무신」 일부)에서 보듯이 '댓돌 위 고무신'이 마침내 '사리'를 만드는 주체가 되는데, 그를 가능케 하는 것은 신발의 명상에 해당하는 침묵이다.

세상과 길씀하기 위해 아침마다
신발코에 고개 숙여 콧등을 맞춘다
발바닥을 얼레삼아 실을 감고
왼발 오른발 순서 지켜 나서는 길

코보다 한 발 늘 먼저 앞서주는 신발코
대지를 날실 삼아 씨실을 건다
꼭 발걸음만큼만 옷감의 너비가 되고
코들이 지나간 길마다 무늬가 되어
삶의 베를 짜는 일

거친 삼을 왼 종일 훑고 쪼개어
지루한 물레 돌려 목숨의 실을 잣는 일
한 코 두 코 빼놓지 않고 나를 엮어
발 걸리지 않고 넘어온 해거름

코는 또 한 번 이마 조아려

신발코에 절을 한다

—「신발코에 관한 명상」 전문

사람은 누구나 세상이라는 판형에서 길쌈을 하는 아낙네와 같다. 정교한 실을 짜는 길쌈에 비유한 신발의 대화록인 위 시편은 박미영의 시를 대표하는 신발의 명상에 관한 기록이다. 사람의 코와 신발의 코가 서로 오버랩하는 자국마다 '꼭 발걸음만큼만 옷감의 너비가 되는' 이 세심한 정관은 신발의 명상이 없이는 불가능하다. 산고의 고통을 그린 시편, '하늘이 주저앉고 땅이 솟는 아픔으로/ 한 생명 받아내는 어머니의 어머니/ 그 어머니의 별들/ 한얀 별들의 뼈란다 고무신은'(「별들의 뼈」 종연) 역시 신발의 명상이 그려낸 스케치이다. 이 밖에도 「발바닥으로 세상을 읽다」 등등의 시편도 모두 신발의 명상에 해당하는 작품들이다. 그 중에서도 기억할 만한 백미의 시편을 보자.

못 신는 운동화 안에
꽃씨 하나 묻었다

네가 전부다
내 안에 너만 살아있다

다시 햇살을 품고
바람을 부른다

사랑이다

—「신발에게 묻다」 전문

박미영 시인의 『신발論』의 종결은 그러니까 미완성의 물음표인 '묻는' 일로 매듭진다. '못 쓰는 운동화'가 제재로 중용되어지는 연유로 보아 금방 버려질 운명의, 도태될 상황의, 고사될 순간의 절박하고 무용한 지상의 숨결들을 지칭하는 것으로 보인다. 아니면 이미 용도폐기 된 그 무엇일 수 있고, 고뇌하는 대중일 수도 있다. 혹간 사랑하는 사람일 수도 있다.

못 신는 운동화, 버려질 그 신발에 꽃씨가 묻혀 있다. 꽃나무는 꽃을 피우기 마련이라는 말처럼 운동화는 장차 꽃을 피우는 용기로 변할 것이다. '사랑이다' 이 단어는 다른 말로 폭풍이다. 마른번개이며 신발의 마을에 사는 물방울들의 굉음인 천둥이다. 박미영의 신발은 이 하나, '사랑이다'를 향하여 생채기투성이로 전력 질주해 온 것이다. 달려와서는 키득키득 혼자 좋아라 웃는 것이 아닌, '아파도 아프다 소리 못하고/ 밑창 없이 기우뚱거리는 삶/ 어깨 없는 사람들이 신발의 마을로 돌아오는'(「신발의 마을」 종연) 지경에서 사람들과 같이 동행하며 사람의 마을에 살기를 희망하는 데서 『신발論』의 미덕을 만난다. 시편을 읽으며 자못 흥이 돋고 흥미진진한 것은 그래서이다.

5. 결어

지금까지 제1부 잃어버린 신발을 찾아서, 제2부 신발에게 묻다, 제3부 신발의 마을, 제4부 발바닥으로 세상을 읽다로 구성된 시편들을 일괄 살펴보았다. 박미영 시인의 첫 시집『신발論』의 시편들을 개괄적으로 고찰하면서, 유독 '신발' 만을 내세워 인간군의 숨은 실체와 고뇌, 고통을 적시하면서 집요하게 사색과 성찰을 해온 흔적들을 접하며 무수히 전율했다. 시편들 거의 다 유언이거나 비문이거나 더 나아가 움직이는 혼이기 때문이다. 굳이 한 줄로 요약한다면, 혼, 그 불꽃의 발자국이 분명하다. 시편들이 각기 신발을 의인화한 신발의 탈출, 신발의 제의, 신발의 춤, 신발의 명상을 제시하면서 보다 차원 높은 상상과 이상의 세계로의 안내를 마다하지 않는 진정성이 돋보인다.

그 외에도 '신발의 말', '신발의 기도문' 등등 미처 짚어내지 못한, 숨은 진주알 같은 시편들이 반짝거린다. 이 말은 장차 박미영 시인의 시편들은 나름대로의 깊이 있는 시적 형상화가 담보되는 역량 있는 시인으로 믿음이 간다는 말이기도 하다. 다만 몇몇의 시편에서 드러나는 잠언이나 계율에 근접한 교시적 시편들을 경계하여야 할 것을 사족으로 달아두면서, 시 앞에 겸허히 무릎 꿇어 더 낮은 자세로 더 초라하게 시의 부름을 듣는 시인으로 성장해가길 바라마지 않는다.

신발論

신발論

인쇄 2014년 07월 10일
발행 2014년 07월 12일

지은이 박미영
펴낸곳 도서출판 문화의힘
펴낸이 이순옥

대전 동구 삼성1동 125-6
한밭오피스텔 406호/ 등록 제117호
전화 042-633-6537
전송 0505-489-6537

ISBN 978-89-90647-75-7

|값 10,000원|